거북이는 가슴이 쿵쿵 두근거려.
오늘은 소원 편지를 보내는 날이거든.
누구에게 보내냐고?
글쎄, 그건 우편배달부만 아는 비밀이야.

토끼는 가슴이 콩콩 뛰어.
오늘은 소원 편지를 보내는 날이거든.
누구에게 보내냐고?
글쎄, 그건 우편배달부만 아는 비밀이야.

"이게 대체 무슨 말인고?"

점점더크게해주세요.
— 거북이 —

산신령이 고개를 갸웃거리다 무릎을 탁 쳤어.

"아, 점을 더 크게 해 달라고!"

탁!

"이건 또 무슨 말인고?"

오이가빨리나게해주세요.
— 토끼 —

산신령이 머리를 긁적거리다 이마를 탁 쳤어.

탁!

"오, 이가 빨리 나게 해 달라고!"

 허, 이게 아닌가….

으악, 왕점이라니….

으악, 덧니라니….

곽미영 글
어린이책을 만들고 글을 씁니다. 지은 책으로 〈받침구조대〉 〈노래 꼬리 잡으면 이야기가 시작돼!〉 〈별난 코 별코두더지〉 〈짜장 줄넘기〉 〈풋사랑〉 〈버들치랑 달리기했지〉 〈줄장지뱀이랑 숨바꼭질했지〉 〈붉은배새매랑 나무 탔지〉 등이 있습니다.
〈받침구조대〉로 제64회 한국출판문화상을 받았습니다.

지은 그림
일상에서 보이는 작고 아름다운 것을 관찰하며, 때로는 보이지 않는 곳에서 일어나는 일들을 즐겨 상상하곤 합니다.
쓰고 그린 책으로는 〈위대한 아파투라일리아〉가 있고, 그린 책으로는 〈받침구조대〉 〈반려 용 팝니다〉 등이 있습니다.
〈받침구조대〉로 제64회 한국출판문화상을 받았습니다.

만만한국어 ❾ 띄어쓰기 경주
초판 1쇄 발행 2024년 2월 23일 | 초판 7쇄 발행 2025년 10월 30일
글 곽미영 | 그림 지은 | 책임편집 전소현 | 편집 김연희 | 디자인 달·리크리에이티브 | 펴낸이 전소현 | 펴낸곳 만만한책방 | 출판등록 2015년 1월 8일 제 2015-000008호
주소 서울시 마포구 토정로 222 한국출판콘텐츠센터 305호 | 전화 070-5035-1137 | 팩스 0505-300-1137 | 전자우편 manmanbooks@hanmail.net | 인스타그램 instagram.com/manmani0401
ISBN 979-11-89499-64-8 74710 | 979-11-89499-51-8 (세트) ⓒ 곽미영, 지은 2024

이 책은 저작권법에 따라 한국에서 보호받는 저작물이므로 무단전재와 무단복제를 금지하며,
이 책 내용의 전부 또는 일부를 이용하려면 반드시 저작권자와 만만한책방의 서면 동의를 받아야 합니다.
잘못된 책은 바꿔 드립니다. 책값은 뒤표지에 있습니다.

만만한국어 2

띄어쓰기 경주

곽미영 글 | 지은 그림

만만한책방

첫째, 우편배달부는 빨라야 해.

둘째, 우편배달부는 끈기가 있어야 해.

셋째, 우편배달부는 글자를 잘 띄어 읽을 줄 알아야 해.

대결 방법

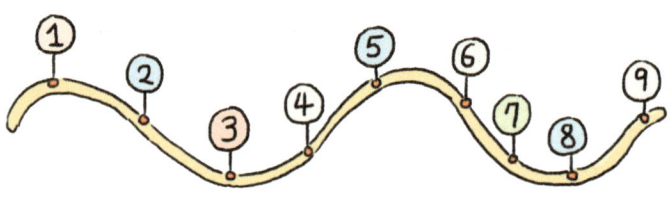

그럼 공정한 대결을 통해서 우편배달부를 뽑자꾸나. 끙. 애고 허리야….

① 숲속에 숨어 있는 아홉 개의 관문을 찾아요.

② 관문마다 편지를 읽고 문제를 해결해요.

③ 문제를 맞힌 쪽은 글자 주머니를 얻을 수 있어요.

④ 관문을 모두 통과한 뒤 모은 글자들을 맞춰요.
(글자 주머니를 많이 얻는 쪽이 유리하겠죠?)

⑤ 완성된 편지의 주인을 찾아가 도움을 청해요.

잘할 수 있을까?

문제없어!

주의 사항
누군가의 깜짝 생일잔치를 위한 편지이니 서두를 것!

아기? 염소?
네? 마리가?
사라졌어요?

서둘러야겠어.

아기 염소 네 마리가 사라졌어요.

아기? 염소네?
마리가? 사라졌어요?

서둘러야겠어.

아기 염소네 마리가 사라졌어요.

거북이는 풀밭을 요리조리 종종거리며 소리쳤어.

우리야!
마리야!
요리야!
조리야!

네, 네, 네, 네,
부르셨어요?

꽃 무더기에서
아기 염소 네 마리가
얼굴을 빼꼼히 내밀었어.

토끼는 풀밭을 요리조리 깡충거리며 소리쳤어.

마리야!
마리야!

앗, 너야?

부르셨어요?

나뭇잎 무더기에서
아기 다람쥐 한 마리가
얼굴을 빼꼼히 내밀었어.

거북이는 엄마 염소에게 아기 염소들을 데려다주었어.
엄마와 아기 염소 네 마리는 서로 부둥켜안았어.

우리, 마리, 요리, 조리야!

엄마!

토끼는 엄마 염소에게 아기 다람쥐를 데려다주었어.
엄마 염소가 고개를 갸웃하며 물었어.

너는 누구니?

전 마리인데, 아줌마는 누구세요?

엄마 염소가 거북이에게 주머니를 건넸어.
원숭이 할머니가 말한 글자 주머니였어!

> 거북아,
> 도와줘서 고마워.

> 아기 염소들을 찾아서
> 정말 다행이에요.

거북이는 뿌듯해서
방그레 웃었어.

엄마 염소가 토끼에게 인사했어.

> 토끼야,
> 도와줘서 고마워.

> 아기 염소네
> 마리가 아니라
> 아기 염소
> 네 마리였네요.

토끼는 쑥스러워서
멋쩍게 웃었어.

아기 염소 네 마리와 아기 다람쥐 마리는 신이 나서 풀밭을 뛰어다녔어.

소나무를? 심고? 돌보세요?

네!

소나무를 | 심고 | 돌보세요.

소나? 무를? 심고? 돌? 보세요?

네?

소나 | 무를 | 심고 | 돌 | 보세요.

거북이가 정성스레 소나무를 심었어.
바람에 흔들리지 말라고 흙도 꼭꼭 눌러 주었어.

토끼가 땅을 파고 소와 무를 심었어.
낮잠을 자다 끌려온 소가 볼멘소리를 했어.

이제 세 번째 관문을 통과할 차례야.
토끼는 쌩 달리고 싶었지만 꾹 참았어.
이건 그냥 경주가 아니라 띄어쓰기 경주니까 말이야.
그때 저만치에서 울음소리가 들려왔어.

뿌우우우우!
나물주세요.

너무 덥고 목말라요.
꿀꺽 삼킬 침도 없어요.
— 아기 코끼리 —

거북이는 나물 냄새를 따라 풀숲으로 달려갔어.
노루오줌, 박쥐나물, 나비나물….

토끼는 물소리를 따라 옹달샘으로 달려갔어.
시원한 물을 떠서 돌아오려는데 물고기들이 말했어.

거북이는 나물을 뜯어서 코끼리에게 후다닥 돌아왔어.

코끼리야,
배고프지?
얼른 나물 먹어.

토끼는 물고기들이 놀리든 말든 후다닥 돌아왔어.

조심조심

코끼리야,
목마르지?
얼른 물 마셔.

거북이가 토끼를 보더니 크게 웃었어.

웬 물?
코끼리가 좋아하는 건 풀인 거 모르니?

푸하하.

그만 싸우고 빨리 주세요!

너야말로 덥고 목마르다는데 웬 나물?

코끼리가 트림을 하더니 토끼에게 글자 주머니를 건넸어.
토끼는 만세를 불렀고, 거북이는 풀이 죽었어.

꺼~억~

랑

네 번째 관문을 찾아서 가고 또 가는데,
윙윙 바람이 불어오고 안개가 자욱해졌어.
눈앞에 무시무시한 늪이 나타났어.

이곳은 함정입니다.
문제를 잘 풀고
미로를 통과하세요.

개똥이네개가있어요.

조심! 밟으면 미끄러질지도 몰라요.

- 개똥이 -

개똥이?
네? 개가? 있어요?

으, 더러워!

| 개똥이 | 네 | 개가 | 있어요. |

개똥이네? 개가? 있어요?

왈 왈!

악, 무서워!

| 개똥이네 | 개가 | 있어요. |

밝은 햇살이 눈꺼풀을 간지럽혔어.
거북이와 토끼는 다시 힘을 내서 출발했어.
징검다리를 건너 빨간 벽돌집을 지나는데,
아기 돼지들이 다섯 번째 편지를 들고 달려왔어.

도와주세요.
여섯째돼지가방에갇혔어요.

숨바꼭질하다가 문이 잠겨 버렸어요.
– 아기 돼지들 –

여섯째? 돼지가? 방에? 갇혔어요?

열어 주세요!

이런, 큰일 났네.

| 여섯째 | 돼지가 | 방에 | 갇혔어요. |

여섯째? 돼지? 가방에? 갇혔어요?

꺼내 주세요!

저런, 큰일 났네.

| 여섯째 | 돼지 | 가방에 | 갇혔어요. |

거북이는 목을 쭉 빼고 열쇠를 찾았어.
화분 밑, 잔디밭, 수돗가, 장독대….
그러다 그네 밑에서 반짝하는 게 보였어.

여기 있나?

찾았다!

여기 있나?

토끼는 눈을 동그랗게 뜨고 가방을 찾았어.
장독대, 수돗가, 잔디밭, 화분 밑….
그러다 나무 밑에서 불룩한 게 보였어.

여긴가?

여기 있나?

앗, 찾았다!

딸깍! 거북이가 열쇠를 돌렸더니 문이 열렸어.

"어디서 찾았지?"

"으앙, 무서웠어."

토닥토닥

여섯째 돼지가 울음을 터뜨리자
아기 돼지 다섯 마리가 달려가 꼭 안아 주었어.

영차! 낑낑거리며 가방을 들고 온 토끼가 깜짝 놀랐어.

"내가 어떻게 조그만 가방에 들어가요?"

"여섯째 돼지야, 왜 방에서 나와? 가방에 갇힌 거 아니었어?"

왜 이렇게 무거워질?

이히히, 가방이라고요?

여섯째 돼지의 말에 모두 웃음이 빵 터졌어.

호 죽 가

토끼가 가방을 열자
글자 주머니랑 음식이 쏟아졌어.

근데 왜 이렇게 무겁지?

첫째 돼지가 글자 주머니를
거북이에게 건넸어.

그건 우리 소풍 가방이니까요.

랑

거북이와 토끼와 아기 돼지들은 함께 점심을 먹었어.

와, 당근으로 케이크를 만들다니!

난 먹기를 잘해요.

내가 요리를 좀 잘해요.

쩝쩝 짭짭

이제 여섯 번째 관문을 찾을 차례야.
토끼는 글자 주머니가 거북이보다 적어서 마음이 급해졌어.
토끼는 느릿느릿한 거북이를 기다리다 결국 업고 뛰었어.
그러다 나뭇단에서 여섯 번째 편지를 발견했어.

어제 쇠도끼를 잃어버렸어요.
오늘은도끼를잃어버렸어요.

산신령님한테 선물받은
반짝반짝 빛나는 도끼예요.
꼭 좀 찾아 주세요.
— 나무꾼 —

거북이가 헐레벌떡 기어 와 쇠도끼를 내밀자
나무꾼이 활짝 웃으며 말했어.

토끼가 헐레벌떡 달려와 은도끼를 내밀자
나무꾼이 활짝 웃으며 말했어.

호 죽 가 대

나무꾼은 거북이에게
글자 주머니를 내밀었어.

어, 이건 내가 잃어버린 글자 주머니?

어제 나무 하러 갔다가 늪에서 주웠지.

영영 잃어버린 줄 알았는데… 고맙습니다.

거북이가 감격해서 꾸벅 인사를 했어.

랑 먹

나무꾼은 토끼에게
글자 주머니를 내밀었어.

내일도 잃어버리면 부르세요!

토끼는 신이 나서 깡충깡충 뛰었어.

거북이가 땅속에 대고 두더지를 불렀어.

두더지야, 같이 땅 파자!

토끼가 두더지처럼
땅을 파기 시작했어.
파파파파밧!

얼마 안 돼 땅이 깊이 파였어.

"거북아, 거북아!"
조심스레 거북이를 부르는 소리가 들렸어.
거북이가 주위를 두리번거리자
어릴 적 친구였던 바다거북이 수줍게 웃고 있지 뭐야.
여덟 번째 편지를 들고서 말이야.

오징어 공주가 많이 아파서
육지의 약이 필요하단다.
좀 가져다줄 수 있겠니?

거북아주머니를따라오렴.

— 바다 용왕 —

거북아? 주머니를?
따라오렴?

네!

| 거북아, | 주머니를 | 따라오렴. |

거북? 아주머니를?
따라오렴?

네!

| 거북 | 아주머니를 | 따라오렴. |

휴, 용궁에 무사히 도착했어.
거북이가 용왕에게 산신령이 준 약초를 내밀었어.
그런데 오징어 공주가 먹자마자 울기 시작했어.

입에 쓴 게 몸에 좋은 거야.

치, 약이 너무 쓰잖아.

토끼가 재빨리 산신령이 준 사탕을 건넸어.
그러자 오징어 공주가 울음을 뚝!
아픈 것도 거짓말처럼 싹 나았어.

너무 달콤해.

약이 너무 쓰면 이걸 먹어 봐.

호죽? 호가죽? 가죽?
대가? 싶대?

거북이가 모은 글자들을
이리저리 맞춰 보았어.

랑이? 먹이? 먹고?
먹고요?

토끼가 모은 글자들을
이리저리 맞춰 보았어.

거북이는 머리를 쥐어짜다 토끼에게 물었어.

"토끼야, 넌 편지 주인이 누군지 알겠어?"

"아니…."

"저기 토끼야, 우리 힘을 합치면 어떨까?"

"좋아, 깜짝 생일잔치를 망칠 수는 없으니까. 그리고 우리는 한배를 탄 친구잖아!"

토끼는 한숨을 푹 쉬었어.

그러다 드디어!

호랑이가죽먹고싶대요

"호랑이 가죽 먹고 싶대요."

"가죽을 질겨서 어떻게 먹어?"

"호랑이가 죽 먹고 싶대요."

"아, 죽! 호박죽? 깨죽? 쌀죽? 옥수수죽? 팥죽?"

거북이와 토끼는 글자들을 한데 모았어.
호 죽 가 대 싶 랑 먹 고 이 요

이리저리 요리조리
퍼즐을 맞추듯 끼워 맞췄어.

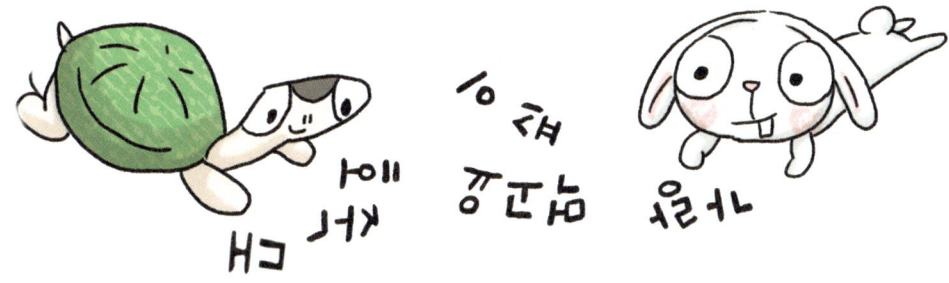

팥죽?
누구한테 가야 할지 알겠다!

드디어 호랑이의 깜짝 생일잔치가 열렸어.
팥죽 할머니는 큰 솥 한가득 팥죽을 끓였어.
호랑이는 열 그릇이나 먹었지.

호랑이는 팥죽 할머니에게 감을 선물하고,

거북이와 토끼는 가슴이 콩콩 뛰어.
오늘은 숲속 친구들의 소원 편지를 배달하는 날이거든.
누구에게 배달하냐고?
글쎄, 그건 우편배달부만 아는 비밀이야.

큼큼, 얘들아, 나다.

너희들 띄어쓰기가 엉망이어서

내가 헷갈렸지 뭐냐.

큼큼, 미안하구나.

지금 당장 덧니랑 왕점을 빼 주고,

소원도 하나씩 들어주마!

소원이라고요?

거북이가 수줍게 소원 편지를 내밀었어.

점점 더

크게 해 주세요.

제 소원은 이거예요.
왕점은 멋져 보여서
안 뺄래요.

토끼가 수줍게 소원 편지를 내밀었어.

오이가

빨리 나게 해 주세요.

제 소원은 이거예요.
덧니는 멋져 보여서
안 뺄래요.

잘 붙여 쓰고 잘 띄어 써요!

이럴 땐 띄어 쓰고 이럴 땐 붙여 써요.

거북이가 두더지랑 **같이** 땅 파요.
토끼가 두더지**같이** 땅 파요.

코끼리는 목이 마를 **뿐**이에요.
코끼리는 온통 물 생각**뿐**이에요.

너무 추워서 **밖에** 나갈 **수** 없어요.
따뜻한 방 안에 있을 **수밖에** 없어요.

거북이와 토끼는 지칠 **대로** 지쳤어요.
거북이는 거북이**대로** 토끼는 토끼**대로** 최선을 다해요.

관문을 통과하는 **데** 삼 일이 걸렸어요.
관문이 하나 남았는**데** 함께 통과해 볼까요?

호랑이가 배가 터질 **만큼** 팥죽을 먹어요.
원숭이 할머니도 호랑이**만큼** 팥죽을 좋아해요.

토끼가 울타리 **밖에** 서서 울고 있어요.
토끼 마음을 알아주는 건 거북이**밖에** 없어요.

단위를 나타내는 명사는 띄어 써요.

아기 염소 네 **마리**가 사라졌어요.

의자가 열 **개** 있어요.

할머니가 신발 세 **켤레**를 샀어요.

나무꾼이 도끼 한 **자루**를 잃어버렸어요.

손을 든 사람이 여섯 **명**이에요.

팥죽 열 **그릇**이 있어요.

두 말을 이어 주거나 나열할 때 띄어 써요.

월요일 **또는** 수요일에 놀러 가요.

아침 **겸** 점심으로 김밥을 먹어요.

지금 토끼 **대** 거북이의 띄어쓰기 경주가 시작됩니다.

우편배달부는 거북이 **혹은** 토끼가 될 거예요.

돼지 가방에는 사탕, 과자, 과일 **등등** 먹을 것이 많아요.

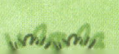